AF237193

Istanbul lieben lernen

Der perfekte Reiseführer für einen
unvergesslichen Aufenthalt in Istanbul
inkl. Insider-Tipps, Tipps zum
Geldsparen und Packliste

Angelika Embacher

✈ INHALT

Das erwartet Sie in diesem Buch

Merhaba, Selam und Hallo. Wer von uns war nicht schon einmal im schönen Istanbul, der größten Stadt der Türkei, die Europa und Asien verbindet? Sie noch nicht? Dann sollten Sie überlegen, ob Sie Ihren nächsten Urlaub nicht einmal dort verbringen möchten! Istanbul hat eine Einwohnerzahl von ca. 15 Millionen Menschen und liegt als einzige Stadt der Welt auf zwei Kontinenten. Istanbul ist in 39 Stadtviertel unterteilt. 25 dieser Viertel befinden sich auf dem europäischen

Kontinent und 14 auf dem asiatischen. Beide Kontinente werden durch das Marmarameer und den Bosporus getrennt. Zwei Kontinente, zwei Kulturen – das ist es, was Sie in Istanbul erwartet.

Aber wie hat sich Istanbul entwickelt, trug die Stadt schon immer ihren Namen und wie ist das Leben zwischen zwei Kulturen? Gibt es nur Moscheen in Istanbul oder wurden auch Kirchen und Synagogen erbaut? Wie feiern die Einheimischen Ramadan? All diese Fragen möchte ich Ihnen in diesem Reiseführer beantworten. Aber nicht nur das erwartet Sie auf den folgenden Seiten. Sie bekommen außerdem einen Überblick über die Attraktionen, die Sie besuchen sollten, und ich verrate Ihnen, wo Sie lecker essen gehen können. Ob Sie nun Fisch an der Galata-Brücke essen wollen oder einen Kumpir in Ortaköy – für jeden Geschmack und Geldbeutel ist etwas dabei. Istanbul bietet nicht nur viele Sehenswürdigkeiten, auch das Partyleben ist sehenswert. Ob Clubs, Bars oder Cafés, Sie werden hier nichts missen. Also lassen Sie sich vom schönen und facettenreichen Istanbul verzaubern und tauchen Sie in das Leben zwischen Moderne und Traditionelle ein.

Die Entstehung Istanbuls

In Istanbul leben viele verschiedenen Kulturen miteinander. Das liegt darin begründet, dass die Geschichte Istanbuls von vielen verschiedenen Völkern und Kulturen geprägt wurde. Die Stadt hat eine 2600-jährige Geschichte und diente als Hauptstadt für drei Weltreiche.

Byzantion

Eine Sage besagt, dass der Grieche Byzas von einem Orakel einen Hinweis bekommen habe, gegenüber der „Stadt der Blinden" ein Dorf zu gründen. Als er sich auf die Suche nach diesem Ort machte, fand er das Gebiet Chalcedon, dass heutige Stadtviertel Kadiköy. Doch Byzas entdeckte auf der anderen Seite des Marmarameeres eine Halbinsel, die sich sehr gut als Hafen anbieten würde. Dort errichtete er Byzantion, die heutige Altstadt von Istanbul. Istanbul gehört zu den ältesten Städten der Welt.

Schon 660 vor Christi lebten hier Dorer, die sogenannten Griechen. Durch die hervorragende Lage am Bosporus dauerte es nicht sehr lang, bis die Ortschaft zu einem wichtigen Handelszentrum wurde. Und so kam es, dass viele Herrscher um die Handelsstadt stritten. Byzas, der seine Stadt verteidigen wollte, schloss sich mit dem Römischen Reich zusammen. 400 Jahre konnte Byzantion seine Selbstständigkeit halten, danach beanspruchte das Römische Reich die Stadt für sich und gab ihr auch einen neuen Namen.

Konstantinopel

Zwischen 306 und 337 nach Christus regierte der römische Kaiser Konstantin der Große. Er wollte eine neue Hauptstadt im Osten des Römischen Reiches gründen, genauer gesagt in Byzantion. 330 nach Christus wurde die Stadt in Konstantinopel umbenannt. Das Byzantinische Reich wuchs stetig weiter und das Römische Reich stand kurz vor dem Zerfall. Konstantinopel wurde im 6. Jahrhundert zum Mittelpunkt von Wirtschaft und Religion der westlichen Welt.

Durch den Aufstieg Konstantinopels musste mit vermehrten Angriffen gerechnet werden. Aus diesem Grund suchte das byzantinische Volk Hilfe und bekam diese von Venedig. Leider hielt die Freundschaft zwischen Byzantion und Venedig nicht lange an. Die Venezianer stürmten 1204 die Stadt und beraubten sie. 200 Jahre später kamen die Osmanen nach Konstantinopel und eroberten die Stadt.

Die Eroberung Konstantinopels

Im Jahre 1453 nahm der Sultan Mehmet II. die Stadt ein. Er sah es als seine Aufgabe, Konstantinopel muslimisch zu prägen, da er gedachte, seine Residenz hier errichten wollte. Die Hagia Sophia, die das byzantinische Volk als Kirche genutzt hatten, wurde unter dem Sultan zu einer Moschee umgebaut. Außerdem ließ er den Topkapı-Palast errichten. Aufgrund der zahlreichen Eroberungen und den damit verbundenen Plünderungen sind die Menschen aus der Stadt geflohen. Um die Stadt wieder zu besiedeln, ließ er Türken aus anderen osmanischen Gebieten nach Konstantinopel holen. Die wenigen Griechen, die noch in der Stadt geblieben waren, durften ihre Religion weiter ausüben. Sultan Mehmet II. ließ eine Vielzahl von Markthallen bauen, um die Wirtschaft anzukurbeln. Aus den Markthallen wurde später der Große Basar.

Konstantinopel im Osmanischen Reich

Die Stadt wurde im 16. Jahrhundert der Mittelpunkt von Kultur und Wirtschaft. In der Stadt lebten Juden, Armenier, Perser und andere Kulturen miteinander. Leider hatten zu diesem Zeitpunkt Nicht-Muslime weniger Rechte, wurden aber aus religiöser Sicht nicht verfolgt. Mit den Jahren gewann die Stadt zunehmend an Bedeutung und die Sultane verloren ihre Führungskraft. Durch die Industrialisierung Europas wuchsen die Staaten und das Osmanische Reich fing an zu schwächeln. Über das Goldene Horn wurden eine Brücke und eine Straßenbahn, die von Pferden gezogen wurde, gebaut. Im Laufe der Zeit entstand außerdem ein Eisenbahnnetz und es kamen immer mehr Touristen mit dem Orient Express. Mit dem Beginn des Ersten Weltkrieges ging aber auch die osmanische Ära zu Ende.

Das heutige Istanbul

Im Jahre 1930 bekam Konstantinopel den Namen Istanbul. Wie dies zustande kam, ist bis heute nicht bekannt. Die erste Regierung der türkischen Republik ernannte im Jahre 1923 nicht Istanbul, sondern Ankara zur Hauptstadt. Staatschef Mustafa Kemal Atatürk wollte auf diesem Wege den Beginn einer neuen Epoche signalisieren. Die in Istanbul lebenden Griechen und Armenier wurden vertrieben, da das Land nun den Türken gehören sollte.

Innerhalb eines Jahrzehntes wuchs die Bevölkerung in Istanbul von einer Million auf 17 Millionen. Viele Menschen kamen aus dem Osten der Türkei in der Hoffnung, in Istanbul ein neues und besseres Leben führen zu können. Durch diesen Bevölkerungszuwachs in den 50er-Jahren sind neue Stadtviertel entstanden. Die Menschen haben sich Gece Kondus, was so viel bedeutet wie „über Nacht gebautes Haus" oder „nachts hingestellt", errichtet. Viele dieser Gece Kondus wurden im Laufe der Zeit durch Wohnblocks ersetzt, aber einige gibt es immer noch. Auf der anderen Seite des Goldenen Horns ist im Laufe der Zeit ein neues und modernes Istanbul entstanden, geprägt von der Skyline und den Einkaufsmalls.

Istanbul besitzt somit zwei Stadtteile, die unterschiedlicher nicht sein könnten.

Sie sehen: Durch ihre 2600-jährige Geschichte war die Stadt Heimat vieler Kulturen. Im Laufe der bewegten Geschichte Istanbuls entstanden viele bemerkenswerte Bauwerke. Aus diesem Grund wurden die historischen Bereiche der Stadt (u.a. Teile der Altstadt) im Jahre 1985 zum UNESCO-Weltkulturerbe erklärt.

Das Leben in der Stadt

Istanbul vereint das traditionelle und das moderne Leben. Wo immer Sie auch hingehen, Sie werden Moscheen sehen, den Ruf des Muezzins hören, der zum Gebet aufruft und Frauen mit Kopftüchern oder Burka werden Ihnen begegnen. Beim Betreten der Wohnungen ziehen die Einheimischen ihre Schuhe aus, um ihr Zuhause nicht zu verschmutzen. Gleiches gilt auch für das Betreten der Moschee – ein Brauch, den auch Sie als Tourist unbedingt respektieren sollten. All diese traditionellen Eindrücke werden sich die mit den modernen Impressionen vermischen: schicke Boutiquen, Bars und Diskotheken, modisch gekleidete Menschen und noch so vieles mehr. Hinsichtlich des Alkoholkonsums gehen die Meinungen auseinander. Die Religion verbietet den Konsum von Alkohol und Sie werden auf der Straße kaum jemanden mit einer Bierflasche in der Hand sehen. Die junge Generation hält sich aus Respekt vor den älteren Menschen mit dem Alkoholkonsum zurück. Die jungen Leute trinken beim Feiern gehen oder Zuhause. Beim Begehen religiöser Feste (z.B. Zuckerfest oder Opferfest) ist der Konsum von Alkohol verboten. Auch Restaurants und Bars verkaufen keinen Alkohol.

Istanbul ist eine facettenreiche Stadt. Sie können junge Menschen in Cafés antreffen, die eine Shisha rauchen und Bier trinken. Oder Sie begegnen älteren Männern, die täglich in ihrem Männer-Café zusammenkommen. Wie der Name schon sagt, wird dieses Café ausschließlich von Männern besucht. Dort trinken sie Cay, unterhalten sich oder spielen türkische Brettspiele. Die Frauen finden sich in dieser Zeit in Gruppen zusammen und vollziehen ihren Altin Günü was auf Deutsch so viel wie „Gold Tag" bedeutet. Dieser findet jeden Monat bei einer anderen Frau statt, die per Losverfahren ausgewählt wird. Wie viele Frauen daran beteiligt sind ist unterschiedlich. Es wird gegessen, getrunken und getanzt und zum Schluss bekommt die Frau, bei der man sich getroffen hat, ein Goldstück. Auf diese Weise können die Frauen ein bisschen für sich sparen. Am wichtigsten für die Teilnehmenden ist aber nicht das Gold, sondern die gemeinsam verbrachte Zeit und der Spaß, den diese bringt.

Die Menschen in Istanbul leben auf verschiedenste Arten und Weisen, denn das Gefälle zwischen Arm und Reich ist groß. In den bereits erwähnten Gece Kondus leben die Menschen, die sehr wenig Geld haben. Diese spärlichen Unterkünfte befinden sich am Rande der Stadt.

Dann gibt es Mahalle. Übersetzt bedeutet dies so viel wie Nachbarschaft, Viertel oder Stadtteil. In einer Mahalle kennen sich die Nachbarn untereinander und helfen sich in jeder Lebenssituation. Neben den Wohnungen und Einfamilienhäusern gibt es noch die Yali. Als Yali werden die Sommervillen oder Residenzen bezeichnet, die am Ufer des Bosporus liegen und die Sie während einer Bootstour sehen können.

Neben den Muslimen leben auch Christen und Juden in Istanbul. So wie die Muslime ihre Moscheen haben, so haben die Christen ihre Kirche und die Juden ihre Synagoge. Man respektiert einander und lebt friedlich miteinander. Dies ist beispielsweise im Fastenmonat Ramadan spürbar, wenn die Christen und Juden ihre muslimischen Freunde zum Fastenbrechen einladen.

Während der eine Einheimische zum Einkaufen in den Supermarkt geht, besucht der andere zu diesem Zweck einen Bakkal. Dies ist eine Art Krämerladen bzw. ein kleiner Lebensmittelladen, der nur vier bis fünf Quadratmeter groß ist. Falls Sie so einen Bakkal sehen sollten, empfehle ich Ihnen, dort mal vorbeizuschauen, denn diese kleinen Läden müssen neben den riesigen Supermarktketten überleben und jeder Einkauf tut dem Bakkal gut.

Zu den Nationalsportarten der Istanbuler gehören das Fischen und das Grillen. Ganz egal zu welcher Tages- oder Jahreszeit: Sie werden immer Menschen sehen, die Grillen oder Fischen, beispielsweise an der Galata-Brücke. Das gehört zum alltäglichen Leben dazu und bereitet den Menschen Freude.

Das Leben in Istanbul geht sehr hektisch zu. Das werden auch Sie schnell feststellen, wenn Sie dort Urlaub machen. Da viele Menschen auf der asiatischen oder der europäischen Seite leben, aber auf der anderen arbeiten, sieht man sie schon sehr früh auf den Straßen. Aus diesem Grund sind die Straßenbahnen, die Busse, die Fähren und natürlich die Straßen morgens sehr überfüllt.

Die 21 größten Highlights

Istanbul bietet eine Vielzahl von Orten und Sehenswürdigkeiten, die Sie sich unbedingt anschauen sollten. Gehen Sie zum Eminönü, einem Hafenviertel, welches sich auf der europäischen Seite der Stadt befindet, können Sie sich drei Attraktionen auf einmal ansehen: den Großen Basar, den Ägyptischen Basar (auch als Gewürzbasar bekannt) und die Galata-Brücke.

DER ÄGYPTISCHE BASAR

Auf dem Ägyptischen Basar finden Sie Gewürze aller Art, Tee in verschiedensten Sorten und eine Vielzahl unterschiedlicher Früchte. Wenn Sie den Basar betreten, begrüßt Sie ein Meer von Düften. Der Basar wurde Mitte des 17. Jahrhunderts im Auftrag von Sultan Mehmet III erbaut. Seinen Namen erhielt der Basar, da die Gewürze damals aus Ägypten kamen und in Istanbul verkauft wurden.

DER GROßE BASAR

Der Große Basar ist seit dem 15. Jahrhundert der bekannteste Basar in Istanbul. Hier treffen Sie Menschen aller Nationen, da der Basar eine beliebte Touristenattraktion ist. Sie können neben Lederwaren, Teppichen, Gewürzen und Andenken auch Silber- und Goldschmuck kaufen. Aufgrund seiner Überdachung trägt er übrigens auch den Namen „Gedeckter Basar". Er beherbergt um die 4000 Läden und besitzt 20 Eingänge. Merken Sie sich unbedingt, durch welchen Eingang Sie den Basar betreten, denn von innen wirkt er wie ein großes Labyrinth. Das wichtigste auf einem Basar ist: Handeln Sie mit den

Verkäufern und schlagen Sie nicht beim ersten Angebot zu. Denn die Verkäufer erkennen sofort, wer einheimisch ist und wer nicht und variieren dementsprechend ihre Preise. Geben Sie ruhig drei bis vier Angebote ab, denn um Sie als Kunden nicht zu verlieren, wird der Verkäufer auf Ihr Angebot eingehen. Und falls nicht? Dann sagen Sie dem Händler, dass Sie das, was Sie bei ihm kaufen wollten, an einem anderen Stand für einen viel günstigeren Preis gesehen haben und Sie es jetzt dort kaufen werden. Dieser kleine Trick hilft immer und Sie bekommen die Ware nun noch günstiger.

DIE GALATA-BRÜCKE

Und zu guter Letzt befindet sich am Eminönü die Galata-Brücke. Diese wurde 1845 eröffnet und ist 490m lang. Sie verbindet Eminönü mit dem Stadtbezirk Beyoglu. Auf der Brücke tummeln sich Einheimische und Touristen und es herrscht ein reges Treiben. Wen wundert es da, dass die Galata-Brücke der Ort mit den meisten Street-Food-Ständen überhaupt ist? Probieren Sie unbedingt mal einen Simit (einen Sesamring) oder den Balik Ekmek, einen „Fisch im

Brot". Doch nicht nur an den Ständen, sondern auch in den Restaurants unter der Brücke und auf den umliegenden Booten bekommen Sie schmackhafte Snacks und Speisen. Nachdem Sie sich gestärkt haben, bietet es sich an, eine Rundfahrt mit der Fähre zu machen. Regelmäßig werden Touren angeboten, die ca. zwei Stunden dauern. Das Schöne an der Brücke ist, dass Sie dort stundenlang stehen können, um die Meeresluft einzuatmen und die Fähren und Menschen zu beobachten, ohne dass Sie gestört oder schief von der Seite angeschaut werden. Besuchen Sie die Brücke unbedingt auch mal, wenn die Sonne untergeht. Das Panorama ist herrlich und es bietet sich Ihnen ein unvergesslicher Moment.

DER GALATA-TURM

Wenn Sie die Brücke überqueren, kommen Sie zum Galata-Turm, der sich im Stadtteil Beyoglu befindet. Dieser Turm ist 67 Meter hoch, wurde um 527 unter dem byzantinischen Kaiser erbaut und sollte als Aussichtsturm dienen.

Durch die vielen Besucher wurde der Turm zu einer Attraktion. Wer den schönen Blick über

Istanbul genießen möchte, sollte ein wenig Zeit einplanen. Am Eingang des Turmes müssen Sie mit einer Wartezeit von ca. 20 Minuten rechnen. Im Inneren des Turmes angekommen, müssen Sie noch mal am Ticketschalter warten und zu guter Letzt am Aufzug, der Sie auf die Spitze des Turmes befördert. Touristen bezahlen 15,00 Türkische Lira und Einheimische 7,50 Türkische Lira.

Ein Mythos besagt, dass Sie die Person, mit der Sie zuerst den Galata-Turm besuchen, auch heiraten. Daher ist dieser Turm ein beliebtes Ziel vieler Liebespaare.

Ich empfehle Ihnen auf jeden Fall, ein Abendessen auf dem Turm einzunehmen. Es erwartet Sie eine leckere Mahlzeit und noch dazu ein wunderschöner Blick auf den Bosporus. Sie sollten aber daran denken, zwei Wochen vor Beginn Ihrer Reise einen Tisch zu reservieren, da das Restaurant schnell ausgebucht ist. Essen Sie im Turm zu Abend, müssen Sie übrigens keinen Eintritt bezahlen. Die Preise im Restaurant sind natürlich abhängig davon, was Sie bestellen möchten. Die Preise liegen je nach Gericht zwischen 9,00 und 50,00 Türkische Lira. Für jeden Geldbeutel ist also etwas dabei. Falls Sie keine Lust haben, sich vor dem Turm anzustellen und zu warten, können Sie natürlich auch in eines der umliegenden Cafés gehen und den Turm von dort aus bewundern.

DER BÜCHERBASAR

Wann genau der Bücherbasar gegründet wurde, weiß man nicht. Sicher ist aber, dass seine Geschichte bis ins 15. Jahrhundert zurückgeht. Der Bücherbasar wurde für die theologischen Studenten errichtet und ist einer der ältesten Büchermärkte in Istanbul. Hier finden Sie türkische und internationale Bücher neu oder gebraucht. Aber auch religiöse Schriften, Fachliteratur und Miniaturen werden angeboten. Der Bücherbasar befindet sich im Stadtteil Fatih.

DIE SULTAN-AHMET-MOSCHEE

Die Sultan-Ahmet-Moschee, auch bekannt als die Blaue Moschee, ist Größte Istanbuls und befindet sich im Stadtteil Sultanahmet. Die Moschee wurde zwischen 1609- 1616 von Sultan Ahmet I. gebaut. Aber warum ist gerade diese Moschee bei den Touristen so beliebt? Ganz einfach: Sie ist die einzige Moschee in der islamischen Welt, die sechs Minaretten hat. Einer Erzählung zufolge wollte Sultan Ahmet I. die Minarette aus Gold bauen lassen. Der Architekt jedoch verstand anstatt „altin" (Gold) jedoch „alti" (sechs) und baute daher sechs Minaretten. Diese weisen eine Höhe von 64 m auf. Das Innere der Moschee wird von rund 260 Buntglasfenstern erhellt. Die Ausstattung besteht aus weißem Marmor und wird mit Arabesken verziert. Da die Moschee aus weißen und blauen Fliesen besteht, trägt sie den Namen Blaue Moschee. Auf dem Gelände können Sie den Herrscherpavillon besichtigen. Dieser wurde früher für Teppiche genutzt und dient zum heutigen Zeitpunkt als Teppichmuseum. Die Blaue Moschee ist von einem wunderschönen Park umgeben und besitzt in der Mitte des Vorplatzes einen sechseckigen Brunnen, der früher für die rituelle Waschung dienen sollte. Abgesehen von den Gebetszeiten können Besucher das Innere der Moschee jederzeit bestaunen. Bitte denken Sie daran, vor dem Betreten an der Tür Ihre Schuhe auszuziehen. Bei Nacht wird die Moschee angestrahlt und bietet einen unvergleichlichen Anblick, bei dem man sich in die Geschichten von 1001 Nacht hineinversetzt fühlt.

DIE EYÜP-SULTAN-MOSCHEE

Diese Moschee befindet sich, wie der Name erahnen lässt, im Stadtteil Eyüp. Für die Muslime ist diese Moschee das vierthöchste Heiligtum nach Mekka, Medina und Jerusalem, denn hier liegt Ayyub al-Ansaris (türkisch Eyüp Ensari), der Freund und Gefährte des Propheten Mohammed, begraben. Der Moscheekomplex steht genau an der Stelle, wo sich das Grab befinden soll. Fatih Sultan Mehmet der Eroberer baute dieses grandiose Grabmal und die Moschee. Es heißt, dass sich in dieser Moschee bereits osmanische Prinzen bei ihrer Thronbesteigung das Schwert Osmans anlegten, um ihre Macht und ihren einflussreichen Sultanstitel zu symbolisieren. Im Jahre 1766 wurde die Moschee durch ein Erdbeben zerstört. Daraufhin ließ Sultan Selim III. die Moschee im Jahre 1798 bis auf die Minarette abreißen und errichtete eine neue. Vielleicht werden Sie bei Ihrem Besuch Jungen in weißen Anzügen sehen. Diese kommen kurz vor ihrer Beschneidung zur Moschee, um zu beten.

DIE SÜLEYMANIYE-MOSCHEE

Diese fantastische Moschee ist die Zweitgrößte Istanbuls und liegt auf dem Hügel der Altstadt. Von dort aus hat man einen wundervollen Blick auf das Meer. Den Auftrag zum Bau der Moschee erteilte Sultan Süleyman, ausgeführt wurde dieser vom Architekten Mimar Sinan in den Jahren 1550 bis 1557. Der Architekt hegte keine Zweifel an der Stabilität seines Bauwerkes, denn bei der Eröffnung sagte er, dass solange die Welt besteht, auch die Moschee aufrecht stehen bleibt.

Die Moschee ist in der Mitte eines riesigen Gartens errichtet worden. Vor der Moschee erstreckt sich ein großer Hof und dahinter ein Friedhof, auf dem sich auch die Mausoleen des Sultans Süleyman, seiner Frau Hürrem und der Tochter Mihrimah befinden. Auch der Architekt Sinan hat hier seine letzte Ruhestätte gefunden, sein Grabmal liegt an der Nordwestspitze des Komplexes. Den Vorhof der prachtvollen Moschee umschließen 24 Säulen. Oberhalb der Fenster wurden Flächen aus Fayence befestigt, die mit Suren aus dem Koran versehen sind. Die Süleymaniye-Moschee hat vier Minaretten. Diese hat der Architekt dem Sultan Süleyman gewidmet, da dieser der vierte Herrscher nach der Eroberung Konstantinopels war.

DAS HIPPODROM

Das Hippodrom wurde ca. 203 nach Christus erbaut. Im antiken Konstantinopel diente es als Pferderennbahn. Die Rennstrecke hatte einst eine Länge von 429 m und war 119 m breit, das Hippodrom selbst bot Platz für 100 000 Schaulustige. Diese antike Stätte liegt zwischen der Blauen Moschee Hagia Sophia, von der einstigen historischen Anlage sind heute aber nur noch wenige Elemente zu sehen: So sind beispielsweise noch drei Säulen erhalten, die aus der antiken Zeit stammen. Eine dieser Säulen ist mit drei Schlangenköpfen verziert. Konstantin I. hat diese im Jahre 331 aus Delphi mitgebracht, um seine Hauptstadt zu schmücken. Aber als die Osmanen in 1453 Konstantinopel eroberten, beschädigten sie die Säule und ein Schlangenkopf ging zu Bruch. Ein weiteres Relikt vergangener Zeiten ist der altägyptische Obelisk, den Kaiser Theodosius I. im Jahre 390 aus Luxor nach Konstantinopel bringen ließ. Dieser war 30 m hoch und aus rosa Granit. Leider ging der Obelisk im Laufe der Zeit zu Bruch und bis zum heutigen Tage ist nur noch der obere Teil übrig geblieben. Ein weiterer Obelisk stammte aus der Zeit von Kaiser Konstantin IIV. Dieser hatte eine Höhe von 32 m und war in Messing- und Kupferplatten eingehüllt. Diese wurden jedoch zu Beginn des 13. Jahrhunderts gestohlen. Im Jahre 1894 kam es zu einem Erdbeben, bei dem der Obelisk beschädigt wurde. Heutzutage ist heute nur noch sein Säulenkern zu sehen.

Die bis heute noch sichtbaren Teile des Hippodroms wurden im Jahre 1985 zum UNESCO-Weltkulturerbe ernannt. An der Stelle, an der sich einst das Hippodrom befand, liegt heute der Sultan-Ahmed-Platz.

DIE THEODOSIANISCHEN MAUERN

Dieses rund 19 km lange dreifache Wallsystem aus Abwehrmauern wurde im 5. Jahrhundert auf Befehl des Kaisers Theodosius II. erbaut. Der Grund dafür war, dass Konstantinopel schnell wuchs und die Stadt feindlichen Angriffen ungeschützt ausgeliefert war. Die Mauern besaßen einst elf Tore und 192 Türme. Immer wieder wurde sie durch Erdbeben und Brände zerstört, aber bei jedem Wiederaufbau noch besser und stabiler errichtet. Die Theodosianischen Mauern sind bis heute ein Wahrzeichen der Stadt.

DIE HAGIA SOPHIA

Wenn Sie sich die Blaue Moschee angesehen haben, können Sie direkt gegenüber zur Hagia Sophia gehen. Die Hagia Sophia (zu Deutsch „Die Heilige Weisheit") wurde in den Jahren 532 bis 537 n. Chr. unter der Führung der Byzantiner erbaut. Die Byzantiner haben sie einst als Kirche genutzt, später wurde sie von den Osmanen zu einer Moschee umgebaut und jetzt wird als sie als Museum genutzt. Die Hagia

Sophia war für das orthodoxe Christentum von großer Bedeutung. Sie war lange Zeit die größte Kirche der Welt und diente im Osmanischen Reich als Vorreiter für den Bau anderer Moscheen. Der Eintritt kostet 72 Türkische Lira.

DER VERSUNKENE PALAST

Nahe der Hagia Sophia befindet sich der Versunkene Palast (Yerebatan Sarayi). Wie der Name schon sagt, befindet sich der Palast in der Unterwelt Istanbuls. Kaiser Justinian I. hat den Palast in Auftrag gegeben. Zwischen 532- 542 diente er als Wasserspeicher, um das Wasser aus dem Hochland zu sammeln und mit diesem den Palast und die Stadt zu versorgen.

Der Eingang zur Unterwelt ist unscheinbar, aber ist man erst unten angelangt, hat man den Eingang schnell vergessen. Unten erwartet Sie kein Wasserspeicher mehr, sondern außergewöhnliche Baukünste aus der Vergangenheit. Sie betreten ein Gewölbe, in dem sich zwölf Reihen mit jeweils 28 Marmorsäulen befinden. Viele dieser Säulen sind verziert mit byzantinischen Merkmalen und zwei Medusenköpfe bilden das Säulenfundament. Der Boden wird etwa von einem halben Meter Wasser bedeckt, in dem sich die Säulen widerspiegeln. In den 80er-Jahren wurden Holzstege gebaut, damit die Besucher diese beeindruckende Unterwelt erforschen können, ohne nasse Füße zu bekommen. Im Wasser schwimmen kleine weiße Fische und sicher entdecken Sie auch Münzen, die die Besucher hineingeworfen haben. Dies soll Glück bringen. Das Licht ist gedämmt, um die Schönheit der Unterwelt zur Geltung zu bringen und im Hintergrund läuft klassische Musik. Der versunkene Palast zieht sowohl Touristen als auch Einheimische in seinen Bann. Die Atmosphäre ist magisch. Im Café, das sich übrigens auch dort unten befindet, können Sie diese atemberaubende Atmosphäre weiter auf sich wirken lassen und einfach nur genießen.

DER MÄDCHENTURM

Wenn Sie dem Trubel der Stadt entfliehen wollen, dann sollten Sie den Kız Kulesi, wie der Mädchenturm auf Türkisch heißt, besuchen. Dies ist ein Leuchtturm aus dem 18. Jahrhundert, der sich auf einer kleinen Felsinsel nahe der Einfahrt zum

Bosporus befindet.

Einer Sage nach wurde Kız Kulesi für einen Sultan erbaut. Dieser hatte von einem Seher erfahren, dass seine Tochter an ihrem 18. Geburtstag durch einen Schlangenbiss sterben sollte. Weil der Sultan dies verhindern wollte, brachte er seine Tochter von nun an im Mädchenturm unter und gestattete niemandem, seine Tochter zu besuchen. An ihrem 18. Geburtstag brachte der Vater seiner Tochter einen Korb voller Früchte. Doch wie das Schicksal es wollte, verkroch sich eine Schlange im Korb. Diese biss die Prinzessin und sie starb.

Aber dies ist nicht die einzige Geschichte, die sich um den Turm rankt. Der europäische Name des Bauwerks lautet Leanderturm und geht auf eine antike Sage zurück, die sich allerdings nicht am Bosporus abgespielt haben soll, sondern auf den Dardanellen. In dieser schwimmt der junge Leander jede Nacht zu seiner Geliebten. Eines Nachts erlosch seine Fackel und der junge Mann ertrank. Als seine Geliebte ihn leblos am Ufer fand, nahm auch sie sich in den Fluten das Leben. Ein geheimnisvoller Platz also, dieser Turm. Sollten Sie ein Fan der James Bond – Filme sein, dann bin ich mir sicher, dass Sie den

Turm bereits kennen. Im Film „Die Welt ist nicht genug" diente der Turm als Drehort.

Zum Turm kommen Sie mit einem Zubringerboot, das vom asiatischen Ufer ab Üsküdar alle 15 Minuten übersetzt. Im Turm befindet sich ein Restaurant, in dem Frühstück sowie Mittag- und Abendessen angeboten wird. Sie können sich natürlich auch einen Drink an der Bar genehmigen und den Ausblick auf Istanbul genießen.

DIE PRINZENINSELN

Was halten Sie davon, mal einen Tag lang das Stadtleben und den Lärm hinter sich zu lassen? Auf eine Insel zu fahren, wo Autos verboten sind und die einzigen Fortbewegungsmittel das Fahrrad oder die Pferdekutsche sind? Dann kann ich Ihnen die Prinzeninseln empfehlen, die sich südlich von Istanbul im Marmarameer befinden. Dies ist eine Gruppe bestehend aus neun Inseln, von denen aber nur vier bewohnt sind. Die Fahrt mit der Fähre von Istanbul nach Kabatas dauert ca. 90 Minuten, da die Inseln etwa 20 Kilometer vom Bosporus entfernt liegen. Der Höhepunkt der Fährfahrt sind die Möwen. Sie begleiten Sie während der Fahrt in der Hoffnung, etwas zu essen zu bekommen. Ich rate Ihnen, die Inseln nicht am Wochenende zu besuchen, denn dann fahren auch die Einheimischen gern dorthin und die Fähren sind sehr überfüllt.

Die Inselgruppe gehört zu Istanbul und hat insgesamt 15 000 Einwohner. Die größte Insel ist Büyük Ada, zu Deutsch die Große Insel. Die anderen bewohnten Inseln heißen Heybeliada, Burgazada und Kinaliada. Aber warum trägt die Inselgruppe eigentlich den Namen Prinzeninseln? Als noch die Sultane herrschten, haben Sie ihre männlichen Kinder umbringen lassen, um Thronstreitigkeiten zwischen den Kindern zu vermeiden. Letztendlich entschieden sich die Sultane jedoch gegen dieses grausame Vorgehen und verbannten ihre Söhne auf die heutigen Prinzeninseln.

Büyük Ada ist mit sechs Quadratkilometern Fläche die größte und meistbesuchte Insel. Sobald Sie die Fähre verlassen, erwarten Sie Pferdekutschen. Sie können sich aber vor Ort auch Fahrräder mieten und auf diesem Wege die Insel erkunden. Sollten Sie im Sommer dort sein, empfehle ich Ihnen, an den Strand zu gehen, um die Aussicht zu genießen und zu baden. Auf der Insel können Sie Ihre Seele baumeln lassen und sich vom hektischen Alltag Istanbuls erholen. Auf der Büyük Ada werden Sie viele Holzvillen sehen und in einigen dieser prächtigen Bauten können Sie übrigens auch übernachten. Die Preise sind allerdings sehr hoch, da die Villen von der High Society aufgekauft wurden.

TAGESAUSFLUG NACH TROJA

Wenn Sie schon in Istanbul Urlaub machen, empfehle ich Ihnen, einen Tagesausflug nach Troja zu unternehmen. Die Ausgrabungsstätten, die Archäologen für das einstige Troja halten, befinden sich ca. 35 km südlich von Canakkale an der Meerenge der Dardanellen. Die umliegende Landschaft wird Troas genannt. Aber warum ist Troja so bekannt und für Touristen sehenswert? Der Dichter Homer hat mit seinem Werk „Ilias" den Mythos von Troja und den Trojanischen Kriegen erschaffen. Und spätestens seit dem Hollywoodfilm „Troja" ist dieser weltberühmt. Die trojanischen Krieger und Helden wurden bis zur Spätantike verehrt, doch mit dem Christentum gerieten die Trojaner in Vergessenheit. Die

Archäologen streiten sich bis heute, ob es Troja und die Trojanischen Kriege wirklich gab, denn bisher wurden diesbezüglich keine archäologischen Beweise gefunden. Am Hisarlik, einem etwa 15 Meter hohen Siedlungshügel, dessen Landschaft in vielen Details mit den Beschreibungen von Homers Ilias übereinstimmt, wurde ohne Frage gekämpft. Doch dies ist längst kein Beweis für die wirkliche Existenz Trojas. Da der Hisarlik ein strategisch wichtiger Hügel war, gab es dort immer wieder kämpferische Auseinandersetzungen. Ob es Homers Troja nun wirklich gab oder nicht, werden wir vielleicht nie erfahren. Nichtsdestotrotz bleibt die Ausgrabungsstätte ein Ort von großer historischer Bedeutung. Die freigelegten Säulen und Grundmauern geben Einblicke in eine längst vergangene Zeit. Seit 1998 gehört die archäologische Stätte von Troja zum UNESCO-Weltkulturerbe. Dort steht übrigens eine der beiden Nachbauten des Trojanischen Pferdes. Die zweite befindet sich an Canakkales Uferpromenade und ist übrigens die Original-Requisite aus dem Film „Troja".

ORTAKÖY

Dieses Viertel gehört zum Stadtteil Besiktas und zählt zu den angesagtesten und lebendigsten Vierteln in ganz Istanbul. Ortaköy schafft eine Verbindung zwischen Tradition und Moderne. Neben den vielen Bars, Diskotheken, Kneipen und Boutiquen befinden sich auch Moscheen, zwei Kirchen und eine Synagoge in diesem Viertel. Und auch die berühmte Galatasaray-Universität Istanbul ist hier ansässig. Wen Sie in Ortaköy einen Nachmittag verbringen möchten, dann sollten Sie an der Ortaköy-Moschee beginnen. Diese liegt direkt am Bosporus und ist durch ihre Lage sehr beliebt. Die Moschee wurde im Auftrag von Sultan Abdülmecid I. in den Jahren 1853 bis 1856 im osmanischen Barockstil errichtet. Aufgrund der vielen Fenster ist die Moschee lichtdurchflutet. Der Raum, in dem sich die Gläubigen zum Gebet treffen, ist sehr klein. Anders als die Blaue Moschee ist die Ortaköy-Moschee nicht ganz so überfüllt und es geht insgesamt etwas ruhiger zu. Sollten Sie diese Moschee besuchen wollen, gilt auch hier, dass sie während der Gebetszeiten geschlossen ist.

Ortaköy ist auch für sein Nachtleben bekannt. Während man den Taksim Platz beispielsweise nur zum Feiern aufsucht, geht es in Ortaköy darum, gesehen zu werden. Die Clubs hier gehören zu den exklusivsten in ganz Istanbul. Es ist vor allem die Lage in Ortaköy, die die Clubs so exklusiv macht, denn diese liegen direkt am Bosporus.

Natürlich können Sie auch in die Geschichte Ortaköys eintauchen und die Griechisch- Orthodoxe Kirche Aya Fokas oder die Etz- Ahayim Synagoge besuchen. Schon im osmanischen Reich galt Ortaköy als Viertel der Weltenbummler. Viele Juden, Armenier und Griechen waren hier zu Hause.

DIE RUMELISCHE FESTUNG

Die Rumelische Festung (Rumeli Hisarı) befindet sich am Ufer der europäischen Seite Istanbuls. Sie gilt als die zweitälteste Festung der Osmanen. Fatih Sultan Mehmet II ließ diese Festung im Jahre 1452 bauen, um mit der Belagerung Konstantinopels zu beginnen und den Bosporus kontrollieren. Die Festung wurde von insgesamt 3000 Arbeitern innerhalb von nur vier Monaten gebaut. Nachdem der Sultan Konstantinopel eingenommen hatte, wurde die Festung als Gefängnis genutzt. Seit 1953 ist sie nun ein

Museum und im Sommer finden dort viele türkische Konzerte statt.

TAGESAUSFLUG NACH BURSA

Bursa befindet sich nur 100 km von Istanbul entfernt und war seiner Zeit die erste Hauptstadt des Osmanischen Reiches. Bursa gilt nicht unbedingt als Hotspot des Tourismus, besitzt aber das Skigebiet Uludag, das die Einheimischen sehr gerne nutzen. Die Stadt bietet viele Sehenswürdigkeiten, Heilquellen und eine leckere Küche. Vor allem ist sie aber für ihre grüne Landschaft bekannt. Unter den Einheimischen wird die Stadt nicht umsonst die „grüne Stadt" genannt. Sehenswert sind unter anderem die Ruhestätten der osmanischen Sultane, die grüne Moschee und die Basare, die zum Einkaufen einladen.

DER PIERRE LOTI-HÜGEL

Im Stadtteil Eyüp befindet sich der Pierre Loti – Hügel. Seinen Namen hat er durch den französischen Dichter und Marineoffizier Pierre Loti erhalten. Während seines Aufenthaltes in Istanbul ging er sehr oft in ein Café auf dem Hügel. Als er von 1876-1877 in Istanbul stationiert war, verliebte er sich eine Frau namens Aziyade. Sie trafen sich mehrmals heimlich bei ihm zu Hause. Um die wundervollen Erinnerungen an diese Zeit mit Aziyade festzuhalten, führte er ein Tagebuch. Schließlich musste Loti Istanbul verlassen und kehrte erst 10 Jahre später wieder zurück. Doch er musste erfahren, dass seine Liebste verstorben war.

Vom Goldenen Horn aus können Sie mit einer Seilbahn auf den Hügel gelangen. Ich empfehle Ihnen, diesen wunderbaren Ort morgens zu besuchen oder abends den Sonnenuntergang auf dem Hügel zu genießen. Der Ausblick, den der Pierre Loti – Hügel zu bieten hat, ist unbeschreiblich magisch.

DER TAKSIM-PLATZ

In Konstantinopel war der Taksim-Platz einst der Ort, an dem die Wasserleitungen ankamen. Heutzutage ist er einer der wichtigsten zentralen Orte in Istanbul.

Alle Welt kennt den Taksim-Platz durch die Gezi-Park-Proteste. Viele Istanbuler protestierten damals gegen die türkische Regierung, weil diese den an den Taksim-Platz angrenzenden Gezi-Park in eine Einkaufsmall verwandeln wollten. Der Taksim-Platz ist einer der beliebtesten Orte, denn hier trifft sich ganz Istanbul und es ist zu jeder Tageszeit viel los. Vom Taksim-Platz aus kommen Sie in eine der begehrenswertesten Einkaufsmeilen, die Istanbul zu bieten hat, die Istiklal Caddesi. Nach einer erfolgreichen Shoppingtour können Sie sich in einem der vielen Cafés oder Restaurants etwas Leckeres zu essen bestellen. Das Wahrzeichen des Taksim-Platzes ist die nostalgische rote Straßenbahn (Nostaljik Tramvay). Diese fährt vom Taksim-Platz zur Istiklal Caddesi. Im Mittelpunkt des Platzes steht das Denkmal der Republik, das den Staatsgründer Atatürk mit seinen Genossen zeigt. Der Taksim-Platz gilt als einer der Verkehrsknotenpunkte in Istanbul. Viele

Straßen führen vom Platz aus in alle Richtungen und auch die zentralen Ausgangspunkte verschiedener Buslinien und der Istanbuler Metro befinden sich dort.

SHOPPING IN ISTANBUL

Natürlich gehört auch das Shoppen gehen zu einer Urlaubsreise. Istanbul hat fast 120 Einkaufszentren zu bieten. Diese kann ich Ihnen an dieser Stelle natürlich nicht alle auflisten. Doch so viel sei gesagt: Die meisten Shopping Malls haben von 10 – 22 Uhr geöffnet und Sie finden dort sowohl nationale als auch internationale Läden. Die beiden größten Shopping Malls von Istanbul heißen Cevahir und Istinye. Das Cevahir befindet sich im Stadtteil Sisli und ist die zweitgrößte Shopping Mall Europas. Die Mall beherbergt 260 Läden, 48 Restaurants und 13 Kinos. Der Istinye Park im Stadtteil Istinye ist ein beeindruckendes Bauwerk und verfügt über 291 Läden, von denen sich einige draußen befinden.

Natürlich gibt es noch viel mehr Shopping Malls, aber diese beiden sind die Größten und Sie finden alles, was Ihr Herz begehrt.

Übernachtungs-möglichkeiten

Wenn man in eine große Metropole reist, bieten sich natürlich eine Vielzahl an Übernachtungsmöglichkeiten.

Ich werde Ihnen im Folgenden ein paar Tipps geben, in welchen Stadtteilen Sie übernachten können. Wenn Sie das erste Mal nach Istanbul reisen, empfehle ich Ihnen, im Stadtzentrum zu übernachten, da Sie wahrscheinlich Schwierigkeiten haben werden, sich zurechtzufinden.

Falls Sie den Trubel der Großstadt lieben und

gerne zu Fuß unterwegs sind, dann sollten Sie in Beyoglu übernachten. Hier sind Sie sehr zentral und in der Nähe vieler Sehenswürdigkeiten, wie zum Beispiel dem Taksim-Platz mit seiner Einkaufmeile Istiklal Caddesi. Außerdem gibt es in den vielen Seitenstraßen Restaurants, Cafés und kleinere Boutiquen zu entdecken. Und auch für die Unterhaltung am Abend ist gesorgt, denn Beyoglu bietet viele Ausgehmöglichkeiten. Der Nachteil ist jedoch, dass Unterkünfte in diesem Viertel etwas teurer sind und es abends durch die vielen Cafés und Bars lauter werden könnte.

Wenn Sie sich lieber unter die Einheimischen mischen wollen, dann sollten Sie in Ortaköy übernachten. Sie sind knapp 15 Minuten von den Sehenswürdigkeiten entfernt. Ein Vorteil ist, dass dieser Stadtteil nicht allzu hektisch ist und Sie dort günstige Unterkünfte und Restaurants finden.

Oder wollen Sie lieber viele Sehenswürdigkeiten auf einem Fleck haben? Dann sollten Sie in Sultanahmet übernachten. Touristen, die das erste Mal nach Istanbul kommen, ziehen Sultanahmet vor. Sehenswürdigkeiten wie die Blaue Moschee oder die Hagia Sophia, aber auch viele Hotels, Restaurants und

Cafés befinden sich dort. Dies spricht natürlich dafür, ein Hotel in Sultanahmet zu buchen. Bedenken Sie jedoch, dass es in diesem Viertel sehr viele Touristen gibt und außerdem noch Verkäufer an jeder Ecke, die ihre Produkte unbedingt an den Mann bringen wollen.

To-Dos in Istanbul

GOTTESHÄUSER IN DER STADT

Kirchen

Auch wenn das Stadtbild Istanbuls von seinen prachtvollen Moscheen und deren Minaretten, die sich gen Himmel recken, geprägt wird, kann man trotzdem Spuren des Christentums entdecken, beispielsweise die Zisternenanlage oder die Theodosianischen Mauern. Aber die wichtigsten Erzeugnisse sind definitiv die Kirchen, die schon im Byzantinischen Reich errichtet wurden.

Synagogen

Die erste Synagoge wurde im Jahre 318 zur byzantinischen Zeit erbaut. In Konstantinopel lebten zu dieser Zeit rund 2555 Juden und die Zahl stieg. Als die

Osmanen Konstantinopel einnahmen, sahen Juden aus Frankreich und Ungarn ihre neue Heimat im Osmanischen Reich und auch Flüchtlinge aus Saloniki und Sizilien fanden dort Schutz. Das Osmanische Reich bot vielen geflüchteten Juden am Hof der Sultane eine Arbeit. Sie wurden Ärzte, Soldaten, Minister oder Berater der Armee. Die Juden konnten ihre Religion frei ausleben und mit einer sogenannten Sondersteuer Areale kaufen. So kam es, dass es schon im 16. Jahrhundert viele Synagogen in der Stadt gab.

Im Jahre 1933 fanden auch Juden, die aus Deutschland und Österreich vor dem 3. Reich geflohen waren, Schutz in Istanbul. Wenn Sie als Urlauber eine Synagoge in Istanbul besuchen möchten, müssen Sie beim Oberrabbinat um eine Besuchserlaubnis bitte. Am besten erledigen Sie dies schon eine Woche vor Ihrem Besuch.

Moscheen

Rund 3113 Moscheen gibt es aktuell in Istanbul und es kommen immer mehr hinzu, schlichte und auch moderne. Im Osmanischen Reich waren die meisten Moscheen schlicht, klein und hatten nur ein Minarett. Die osmanischen Sultane hingegen haben ihre

Moscheen auf den Hügeln von Istanbul bauen lassen. Diese Moscheen hatten mehrere Minarette und waren sehr eindrucksvoll. Im Innenraum der Moschee durften weder damals noch heute Bilder aufgehangen werden, da dies im Islam untersagt ist. Daher sind die Wände mit Mosaiken, Kacheln und Teppiche versehen. Das wichtigste in einer Moschee ist die nach Mekka ausgerichtete Gebetsnische. Wenn Sie eine Moschee besichtigen wollen, ist das für Sie kostenlos, aber wie ich bereits erwähnte, sollten Sie auf angemessene Kleidung achten.

MUSEEN

Das Archäologische Museum

Das Archäologische Museum im Stadtteil Eminönü ist das älteste in Istanbul, denn es entstand bereits im Osmanischen Reich. Im Jahre 1896 wurde das Museum unter Sultan Abdülhamid II gegründet. Heute ist das Museum eines der größten der Welt und beherbergt etwa 15 000 archäologische Funde. Sammlerstücke beispielsweise aus der islamisch-arabischen Kultur, der ägyptischen Antike oder der prä- und frühgriechischen Antike können dort bestaunt werden.

Das Atatürk Museum

Mustafa Kemal Atatürk, der Staatsgründer der Tür-kei, hatte seinen Wohnsitz in Istanbul. In seinem Haus, welches im Jahre 1908 erbaut wurde, lebte A-tatürk nach seiner Syrien-Reise mit seiner Mutter Zübeyde Hanim und seiner Schwester Makbule zu-sammen. Das Haus verfügt über drei Stockwerke. Im ersten Stockwerk lebten die Hilfskräfte von der Fa-milie, im zweiten Stock wohnte Atatürk und im obersten Stockwerk seine Mutter und seine Schwes-ter. Das Haus wurde in den letzten Jahren des Ersten Weltkrieges, als Istanbul durch Atatürk gerettet und vor Feinden geschützt wurde, als zu einem Ver-sammlungsort des „Retters von Istanbul" und seiner Genossen. Er bewohnte das Haus bis zum 16. Mai 1919. Fünf Jahre später hat der Erzurumer Gouver-neur Tahsin Uzer das Haus gekauft. Vier Jahre später verkaufte er es mit all den Erinnerungsstücken von Atatürk an die Gemeinde. Das Haus wurde zu einem Museum umfunktioniert und am 15. Juni 1942 als solches bekannt gemacht.

Das Museum ist sowohl bei den Einheimischen als auch bei den Touristen sehr beliebt und es kom-men Menschen aus aller Welt, um zu sehen, wie

Atatürk gelebt hat. In dem Haus können Sie Atatürks persönliche Gegenstände, Original-Dokumente sowie Gemälde und Fotos betrachten.

Das Divan Literatur Museum

Das Derwischkloster in Istanbul, das schon seit dem Jahre 1481 besteht, wurde im Jahre 1975 zum Museum umgestaltet. Sie fragen sich, was ein Derwisch ist? Der Derwisch gehört einem muslimischen Orden, dem Sufi, an und ist für seine Disziplin und Schlichtheit bekannt. In diesem Museum haben Sie die Gelegenheit, die Kultur besser kennenzulernen und können traditionelle Gewänder, Bücher und Musikinstrumente betrachten. Ein ganz tolles Ereignis ist der tanzende Derwisch. Jeden Sonntag um 17 Uhr tanzen die Derwische für Ihre Zuschauer.

Der Topkapı-Palast

Der Topkapı-Palast im Stadtteil Fathi war einst der Regierungssitz und Wohnort der osmanischen Herrscher. Topkapı heißt übersetzt „Kanonentor". Damals wohnten im Palast mehr als 5000 Menschen, unter anderem die Bediensteten, die Soldaten und natürlich die Herrscher mit ihren Familien. Fatih Sultan Mehmet, der Istanbul erobert hatte, wollte einen prächtigen Palast auf dem Hügel, „an der die Akropolis aus byzantinischer Zeit" stand, bauen lassen. Dort war man vor den Feinden geschützt, denn vom Palast aus hatte man einen guten Blick über den Bosporus. Die Mauern waren so hoch, dass sie vom Goldenen Horn bis zum Marmara Meer reichten und so war der Palast vom Rest der Stadt getrennt. Der Topkapı-Palast hat eine Fläche von ca. 700 000 qm. Durch diese enorme Größe konnte das Gelände in vier Innenhöfe aufgeteilt werden, in denen sich Moscheen, Gärten, Ateliers, Küchen, Bibliotheken, der Harem und die türkischen Bäder befanden.

Das Militärmuseum

Das Militärmuseum zählt als eines der größten Museen in Istanbul und befindet sich im Harbiye Distrikt. Sie erfahren alles über die Kriegs- und Waffengeschichte, begonnen bei den Anfängen des Osmanischen Reiches bis hin zur Gründung der Türkischen Republik. Die Ausstellungsstücke des Militärmuseums verteilen sich auf mehrere Stockwerke. Sie können sich beispielsweise altertümliche Waffen wie Dolche, Lanzen und Pistolen anschauen oder den A-tatürk-Saal besuchen. In diesem wird dessen persönliche Kollektion ausgestellt. Nachmittags ab 15

Uhr kann man der Mehter-Kapelle lauschen. Diese macht traditionelle Musik aus vergangenen Zeiten, die gespielt wurde, als die Sultane an vorderster Front gekämpft haben.

DIE SPUREN DER DEUTSCHEN

Die Deutsche Schule

Diese Schule wurde 1867 von deutschen Handwerkern, Kaufleuten und Angestellten gegründet. Sie gehört zu den wichtigsten der 117 deutschen Schulen im Ausland. Hier können nicht nur deutsche, sondern auch türkische Schüler ihr Abitur machen.

Der Deutsche Brunnen

Den deutschen Brunnen, der auf den ersten Blick wie ein Pavillon aussieht, finden Sie am Ende des Hippodroms. Im Jahre 1900 wurde er als Andenken an den Besuch von Kaiser Wilhelm II. erbaut. Als der Kaiser zu seiner Amtszeit einige Länder in Europa besuchte, war sein erster Halt das heutige Istanbul. Zu dieser Zeit regierte im Osmanischen Reich Sultan Abdülhamid II. Den Brunnen ziert eine Bronzetafel mit dem Text: „Wilhelm II. deutscher Kaiser stiftet diesen Brunnen in dankbarer Erinnerung an seinen

Besuch bei seiner Maiestaet dem Kaiser der Osmanen Abdul Hamid II. im Herbst des Jahres 1898." Der Brunnen wurde in Deutschland hergestellt und wurde Stück für Stück nach Istanbul geliefert. Er verfügt über eine achteckige Kuppel, deren Inneres mit goldenen Mosaiken ausgekleidet ist, und acht Marmorsäulen.

Bahnhof Istanbul Haydarpaşa

Die deutsche Firma Philipp Holzmann hat den Bahnhof Istanbul Haydarpaşa bauen lassen. Dieser befindet sich auf der asiatischen Seite und liegt genau am Bosporus. Er ist der zweitgrößte Bahnhof in Istanbul. Die ersten Bahnfahrten gingen in Richtung Syrien, Iran, Irak und Anatolien. Der Baubeginn war am 30. Mai 1906, fertiggestellt wurde der Bahnhof im Jahre 1908. Leider kam es in 2010 zu einem großen Brand, bei dem das Dach und die kompletten vier Etagen zerstört wurden. Seitdem findet am Bahnhof Istanbul Haydarpaşa kein Eisenbahnverkehr mehr statt. Die Regierung möchte in einem Teil des Bahnhofs ein Museum errichten, in dem andern Teil sollen ein Hotel und ein Einkaufszentrum entstehen.

Bahnhof Istanbul Sirkeci

Dieser Bahnhof befindet sich auf der europäischen Seite Istanbuls im Stadtviertel Sirkeci. Man kann mit den Zügen ins In- und Ausland reisen. Mit dem Bau des Bahnhofs wurde am 11. Februar 1888 begonnen, im Jahre 1890 wurde er schließlich eröffnet. Das Projekt wurde von dem preußischen Architekten August Jasmund, der in Istanbul osmanische Architektur studiert hat, geleitet. In der 50er- und 60er-Jahren trafen sich Autoren und Journalisten im Bahnhofsrestaurant, da dieser als ein Treffpunkt für die Medienelite galt.

BRÜCKEN IN ISTANBUL

Istanbul verfügt über drei Hängebrücken, die den Bosporus überqueren und auf diese Weise den europäischen und den asiatischen Teil der Stadt miteinander verbinden.

Die Brücke der Märtyrer des 15. Juli

Dies ist die älteste der drei Brücken. Im Juli 2016 gab es einen gescheiterten Putschversuch gegen die türkische Regierung. Seit diesem Tag trägt die Brücke offiziell den Namen „Brücke der Märtyrer des 15.

Julis". Aber für viele Istanbuler ist und bleibt sie schlicht und ergreifend die Bosporus-Brücke. Sie hat eine Länge von 1510 Metern und verbindet Üsküdar mit Besiktas. Die Brücke wurde einst gebaut, weil es den Fährschiffen an Kapazität fehlte, immer mehr Menschen auf die jeweils andere Seite zu befördern. Die Brücke wurde so gebaut worden, dass unter dieser noch große Schiffe hindurchfahren können. Baubeginn der Brücke war im Jahre 1970, fertiggestellt wurde sie am 29. Oktober 1973 pünktlich zum 50. Gründungsjahr der Türkei. Auf der Brücke findet seit dem Jahr 1979 der traditionelle Istanbuler Marathon statt. Dies ist der einzige Marathon der Welt, der zwischen zwei Kontinenten stattfindet.

Die Fatih-Sultan-Mehmet-Brücke
Diese Brücke, auch Zweite Bosporus-Brücke genannt, wurde im Jahre 1988 eröffnet. Sie trägt den Namen des Sultans, der Konstantinopel erobert hat. Sie ist 5 km lang und führt über die schmalste Stelle des Bosporus, der hier nur 660 m breit ist. Die Brücke hat acht Fahrspuren bei knapp 40 Metern.

Die Yavuz Sultan Selim Brücke

Diese Brücke ist erst seit dem 26. August 2016 für die Autofahrer in Betrieb. Sie befindet sich am nördlichen Ende des Bosporus. Die Brücke hat den Namen von Sultan Selim erhalten, der ein gerechter Sultan war. Aufgrund des dichten Verkehrs in Istanbul wurde diese Brücke erbaut, um die überfüllten Straßen zu entlasten. Die Brücke ist 2163 Meter lang.

PARKS IN ISTANBUL

Nach einem anstrengenden und aufregenden Tag können Sie in einem der vielen Parks die Seele baumeln lassen. Nachfolgend werde ich Ihnen einige durchaus sehenswerte Parks nennen.

Yildiz Park

Der Yildiz Park (zu Deutsch Sternenpark) ist einer der größten und wundervollsten Parks in Istanbul. Zur byzantinischen Zeit war dieser Park ein Wald. Im 18 Jahrhundert ließ Sultan Selim III. einen Palast für seine Mutter erbauen. Ein Teil des Parks war das Jagdrevier des Sultans, der andere Teil beherbergte die Gärten des Palastes. Mittlerweile können Sie dort viele Villen und Pavillons aus dem 19. und 20.

Jahrhundert besichtigen. Einige wurden zu Cafés und Restaurants umgebaut und laden Sie zum Essen und Trinken ein. In dem 160 Hektar großen Park können Sie spazieren gehen und die Wasserfälle bewundern. Der Yildiz Park besteht zu Dreivierteln aus Sträuchern und Bäumen, von denen einige über 400 Jahre alt sind. Ein Hingucker sind die Tulpen, die dort in vielen verschiedenen Farben blühen.

Der Gülhane Park

Der Gülhane Park ist 13 Hektar groß und war im Osmanischen Reich der Garten des Topkapı-Palastes. Sie finden den Park am Hang von Eminönü, welches sich innerhalb des Palastes befindet. Der Park war früher ein Ort für ritterliche Spiele und Bogenschießwettbewerbe. Heute gehen die Einheimischen im Park spazieren oder setzten sich in eines der Teegärten und trinken Cay. Inmitten der Stadt und des Trubels können Sie hier eine ruhige und entspannte Atmosphäre genießen.

Gezi-Park

Wer kennt ihn nicht, den berühmt- berüchtigten Gezi-Park? Dieser ist spätestens seit den Gezi-Park-Protesten weltweit bekannt. Der Park liegt neben

dem Taksim-Platz und ist einer der einzigen inner-
städtischen Parks.

Street Food

Istanbul bietet nicht nur eine Vielzahl von Sehenswürdigkeiten, sondern auch einzigartiges Essen. Wenn Sie schon mal da sind, sollten Sie ein typisch türkisches Frühstück bestellen.

Was zu diesem dazugehört, fragen Sie sich? Sie bekommen einen Korb mit verschiedenen Brotsorten, Schälchen mit grünen und schwarzen Oliven, Spiegelei mit Sucuk, verschiedene Käsesorten, Gemüse, Börek und süße Aufstriche. Dazu gibt es Cay, also türkischen Tee oder frisch gepresste Säfte – je nachdem was Ihr Herz begehrt.

An fast jeder Ecke wird der Simit verkauft.

Diesen sollten Sie unbedingt probieren und dazu Cay trinken. Der Simit ist ein Sesamring aus Hefeteig, der nicht nur beim Bäcker, sondern auch auf den Straßen verkauft wird. Folgen Sie einfach den Stimmen der Verkäufer, die „Simitci" rufen. Diese Leckerei wird zu jeder Tageszeit gegessen, als kleiner Snack zwischendurch oder zum Frühstück mit Käse und Cay.

Am Eminönü, wo sich die Galata-Brücke befindet, gibt es eine Vielzahl von Booten, auf denen Balik Ekmek verkauft wird. Wenn Sie dies bestellen, bekommen Sie frischen Fisch (ohne Gräten) mit Salat im Weißbrot-Baguette serviert. Eines kann ich Ihnen versprechen: Es wird Ihnen schmecken!

Und wie wäre es mal mit Ravioli türkischer Art? Die kleinen Teigtaschen, die bei den Einheimischen Mantı genannt werden, sind mit Hackfleisch gefüllt. Obendrauf kommt zerlassene Butter mit Chilipulver und dazu gibt es frischen Knoblauchjoghurt. Guten Appetit!

Haben Sie schon mal von einem nassen Hamburger gehört, geschweige denn diesen gegessen? Nein? Dann sollten unbedingt zum Taksim-Platz gehen und diesen köstlichen Hamburger essen, denn dort gibt es die besten überhaupt. Der Name hört sich vielleicht seltsam an, aber er schmeckt sehr gut. Stellen Sie sich einen Hamburger vor, den Sie in Tomatensauce tränken. Fertig ist der nasse Hamburger.

Sollten Sie sich in Ortaköy aufhalten und eine Pause einlegen wollen, dann sollten Sie den Kumpir probieren. Dies ist eine große Backkartoffel, die mit Käse, Butter, Mais, Erbsen und allem, was das Herz begehrt, gefüllt ist.

Zu einem typischen Street-Food gehört auch das berühmt berüchtigte türkische Eis (Dondurma), das mit dem deutschen Eis nicht zu vergleichen ist. Das türkische Eis beinhaltet Milch, Mastix, Salep und Zucker. Neben dem Eis sind die Verkäufer, die Ihre Shows machen, ein weiteres Highlight. Aber mehr verrate ich Ihnen nicht – lassen Sie sich überraschen!

Wer hätte gedacht, dass die Istanbuler verrückt nach Waffeln sind? Diese feine Leckerei ist zwar keine türkische Spezialität, aber jeder Istanbuler liebt sie. An vielen Ecken gibt es Waffelverkäufer, aber die besten Waffel-Restaurants finden Sie in Ortaköy und Kadiköy (asiatische Seite).

Denkt man an ein typisches Getränk aus der Türkei, dann fallen einem zuerst Cay, der türkische

Tee oder der türkische Mokka ein. Den besten türkischen Mokka gibt es in Kadiköy. Dort wird er sogar auf dem Kohlegrill zubereitet, was den Geschmack noch intensiver macht. Nachdem Sie Ihren Mokka ausgetrunken haben, können Sie sich aus dem Kaffeesatz Ihre Zukunft voraussagen lassen. Das ist Tradition in der Türkei. Falls Sie aber lieber etwas Erfrischendes trinken möchten, empfehle ich Ihnen den Ayran. Das ist ein Joghurtgetränk, das Sie überall kaufen können.

Wer in Istanbul ist, sollte nicht, ohne das Turkish Delight gegessen zu haben, zurück in die Heimat fliegen. Das Turkish Delight ist der Lokum, den Sie zu jedem Kaffee dazu bekommen. Lokum wird aus gelierter Stärke und Zucker hergestellt. Es ist weich und klebrig und wird je nach Geschmack in verschiedenen Farben hergestellt.

Nachtleben

Istanbul ist eine Stadt, die niemals schläft und noch dazu ein sehr vielfältiges Nachtleben hat. Ob Sie lieber einen Cocktail in einer Bar trinken oder ausgiebig Tanzen wollen – für jeden Geschmack lässt sich hier etwas finden. Vielleicht wollen Sie auch einfach nur den Abend bei einem Glas Wein und guter Jazz Musik ausklingen lassen? Kein Problem – die Bars und Diskotheken sind bis Sonnenaufgang geöffnet.

Auf der berühmten, drei Kilometern langen Istiklal Caddesi in Taksim (auf der europäischen Seite) befindet sich Istanbuls Partymeile schlechthin. Dort reihen sich die Bars, Cafés und Clubs, Restaurants und Kneipen aneinander. In den Nebenstraßen befinden sich auch Gay- Clubs. Da der Taksim-Platz eine Fußgängerzone ist, können Sie in Ruhe über den Platz schlendern, ohne von Autos gestört zu werden. Sie können auch auf der Straße Ihren Spaß haben, denn von überall her ertönt laute Musik und nette Leute laden zum Plaudern ein. Der Taksim-Platz wird sowohl von den Einheimischen als auch von den Touristen gut besucht. Die Party geht bereits am Donnerstag ab 22 Uhr los und dauert bis in die Morgenstunden. Auf dem Taksim-Platz finden Sie Clubs, die alle Musikrichtungen vertreten.

Für die Istanbuler beginnt der Abend mit dem Essen. Dazu trinken viele Türken Raki oder Bier. Nach dem Essen fängt der Partyabend an.

Wenn Sie auf dem Taksim-Platz feiern wollen, beachten Sie bitte, dass Sie nicht von Fremden in die Clubs mitgenommen werden. Das sind Verkäufer, die in den Clubs arbeiten und für jeden mitgebrachten Kunden Geld erhalten. Durch diese Masche werden Sie auf jeden Fall betrogen und um Ihr Geld gebracht. Wenn Sie Pech haben, sind die Getränke viel teurer und Sie müssen auch noch für den Verkäufer, der Sie in den Club gelockt hat, bezahlen. Wenn Sie jemand auf der Straße anspricht und Sie mit in einen Club nehmen möchte, sagen Sie „NEIN".

Nicht nur auf dem Taksim-Platz kann man gut feiern, sondern auch in Beyoglu. Hier reihen sich Bars, Cafés und Kneipen aneinander. Ob Touristen oder Einheimische – alle feiern dort zusammen, egal an welchem Tag.

Falls Sie ein Lokal mit einer tollen Aussicht aufs Meer oder auf die Stadt besuchen wollen, müssen Sie tiefer in die Tasche greifen. Denn je schöner die Aussicht, desto teurer sind die Drinks. Vor allem in Ortaköy reihen sich die Bars und Clubs am Bosporus aneinander, alle mit einer wunderschönen Aussicht. Wenn sie aber nicht in einen Club wollen, können Sie natürlich auch eine Hotelbar mit schönem Panoramablick besuchen.

Insider Tipps

Nachdem Sie alle Sehenswürdigkeiten Istanbuls besucht haben und nun noch ein paar Orte sehen wollen, die weniger bekannt sind, empfehle ich Ihnen die Sagin Han bzw. The Secret Spot. Dort können Sie unvergessliche Bilder über den Dächern von Istanbul machen, die Sie immer in Erinnerung haben werden. Sie kommen über einen geheimen Aufgang (nahe des Großen Basars) auf das Dach der Büyük Valide Han. Wenn Sie auf dem Dach angelangt sind, gehen Sie Treppe hinauf und fragen nach Mr. Mehdi. Der wird Ihnen den Schlüssel für eine kleine Gebühr geben.

Einer meiner Lieblingsorte ist das junge Kadiköy auf der asiatischen Seite. Dorthin gelangen Sie
entweder mit der Metro oder mit der Fähre. Ich
empfehle Ihnen, die Fähre zu nehmen und dort die
frische Meeresluft zu genießen. Kadiköy ist ein hip-
per Stadtteil, wo Sie nur auf wenige Touristen treffen
werden. Was Ihnen als Erstes auffallen wird, sind die
schmalen Gassen mit ihrem ganz besonderen
Charme, in denen Restaurants und Cafés Kunden an-
locken wollen. Natürlich werden auch Sie im Vorbei-
gehen von den Mitarbeitern angesprochen, ob Sie
nicht etwas essen oder trinken möchten. Aber genau
das macht diesen Stadtteil sehr sympathisch. Wenn
Sie günstig essen und einkaufen wollen, dann können Sie dies in Kadiköy. Sie finden Restaurants, die
nicht überteuert sind und Einkaufsmöglichkeiten,
beispielsweise Boutiquen, die qualitativ hochwer-
tige Kleidung türkischer Marken verkaufen. Außerdem bekommen Sie Lebensmittel und Gewürze zu
günstigeren Preisen.

Nach einem langen und anstrengenden Tag sollten Sie sich Wellness auf türkische Art und Weise
gönnen. Meine Empfehlung ist das türkische Bad
(also der Hamam) in Cemberli Tas. Das türkische

Bad befindet sich unmittelbar in der Nähe des großen Bades. Im Jahre 1584 wurde der Hamam vom berühmten Architekten des Osmanischen Reiches, Sinan, gebaut. Den Auftrag dazu gab die Gemahlin des Sultans Selim III. Jeder Hamam hat separate Bereiche für Frauen und Männer. Im Osmanischen Reich war dieses Bad der Lieblingshamam der Sultane.

Die niedrigsten Preise liegen bei 160 Türkische Lira. An der Kasse bekommen Sie einen Kese (einen rauen Handschuh) und in der Umkleide erhalten Sie ein Pestamal, also ein traditionelles Handtuch und außerdem eine schwarze Unterhose. Wenn Sie den Badebereich betreten, empfängt Sie ein Schwall sehr warmer Luft. In der Mitte befindet sich eine große warme Marmorplatte, auf die sich die Besucher legen und ihre Haut aufweichen lassen. Sobald auch Ihr Körper ausreichend aufgeweicht ist, werden Sie von einer Frau mit der Kese abgerieben. Durch das Abreiben wird tote Haut abgeschrubbt. Im Anschluss daran werden Sie mit einem Schaumbeutel eingeseift und zu guter Letzt folgt die Waschung. Sie werden während Ihres Hamam-Besuches Raum und Zeit vergessen und sich einfach nur entspannen. Ein kleiner Tipp von mir: Gehen Sie nicht geschminkt oder mit einer Brille in den Hamam. Denn das Make-up verläuft und die Brillengläser beschlagen. Am Ausgang können Sie Handschuhe, Öle und Gesichtsmasken erwerben. Der Preis ist zwar recht hoch, aber es lohnt sich allemal und Sie werden einen unvergesslichen Tag erleben.

Wenn Sie mit ihrer Familie einen Waldspaziergang machen möchten, sollten Sie zum Belgrad Ormani, also dem Belgrader Wald, fahren. Der Wald befindet sich nördlich von Istanbul und ist 5442 Hektar groß. Der Belgrad Ormani wurde nach den Serben benannt, die im Jahre 1521 von Süleyman dem Prächtigen in den Wald deportiert wurden, nachdem er Belgrad belagert hatte. Im Byzantinischen und im Osmanischen Reich war der Wald eine wichtige Quelle für die Wasserversorgung Istanbuls. Auch wenn das Gebiet nicht hoch über dem Meeresspiegel liegt, gibt es dennoch viele Regenfälle. Da der Wald einen Übergang zwischen mitteleuropäischen und mediterranen Klimazonen aufweist, wachsen viele unterschiedliche Pflanzen dort. Außerdem ist er der Lebensraum für viele Reptilien und Säugetiere. Im Belgrader Wald ist das Jagen verboten, daher können sich die Tiere in Ruhe fortpflanzen.

In der Nähe des Belgrader Waldes befindet sich das 296 Hektar große Atatürk-Arboretum, das im Stadtteil Sariyer erbaut wurde. In einem Arboretum werden verschiedene, manchmal auch exotische Pflanzen zusammengeführt. Man kann ein Arboretum nicht als lebendes Pflanzenmuseum sehen. Hier sind Alter und Herkunft der Pflanzen bekannt. Am 12. Juli 1982, zum 101. Geburtstag von Staatsgründer Atatürk, wurde das Arboretum eröffnet.

Der Viertel Balat, welches sich auf der europäischen Seite der Stadt befindet, ist bei Touristen eher unbekannt. Touristen halten sich meist in der Nähe der Sehenswürdigkeiten auf, daher ist Balat ein wirklicher Insidertipp. Dort können Sie auch mal das „andere" Istanbul sehen und erleben. In Balat lebten bis zum Ende des Osmanischen Reichs Juden, Armenier und Griechen. Wenn Sie an einem Rundgang teilnehmen, können Sie die Synagoge und die Kirchen besichtigen. Balat ist ein Viertel, das nur aus kleinen Gassen besteht. Bei einem Spaziergang können Sie die alten, historischen Häuser, von denen einige auch kunterbunt bemalt sind, bewundern. In Balat befindet sich auch eine griechische

Privatschule. Diese wurde aus roten Ziegeln errichtet und ist wirklich ein imposantes Bauwerk. Sollten Sie sich für Antiquitäten interessieren, sind Sie in Balat genau richtig. Dort sind sehr viele Antiquitätenläden ansässig, in denen Möbel, Bekleidung und noch vieles mehr zum Kauf angeboten wird. Balat gewinnt von Tag zu Tag an Popularität und daher eröffnen dort auch immer mehr Cafés und Restaurants.

Mein letzter Tipp ist das Restaurant Kuleli Yakamoz, das sich im Stadtteil Cengelköy in der Nähe des ehemaligen Militärgymnasiums befindet. Das Gymnasium war übrigens einst die älteste Militärschule der Türkei. Das Restaurant befindet sich am Ufer der Bosporus. Während Sie etwas essen, können Sie den schönen Ausblick auf das Wasser und die Militärschule Kuleli genießen.

Die beste Jahreszeit um zu Verreisen

Die beste Zeit für einen Urlaub in Istanbul ist zum einen im Mai und Juni oder zum anderen im September und Oktober. Die Temperaturen befinden sich dann zwischen 20 Grad und 25 Grad. In den Sommermonaten können die Temperaturen weit über 30 Grad steigen und kann zu regelrechten Hitzewellen kommen.

In den Sommermonaten steigt die Wassertemperatur auf über 21 Grad und Sie können im Meer schwimmen gehen. Der Frühling gestaltet sich in Istanbul eher wechselhaft. Es gibt Tage, an denen das Thermometer die 10 Grad- Marke nicht überschreitet und es gibt Frühlingstage, an denen es bis zu 25 Grad warm wird. Aber der Frühling bringt meist mehr Regen als Sonne. Der Herbst in Istanbul wird von vielen unterschätzt. Die Temperaturen liegen hier bei 20 bis 30 Grad. Falls Sie sich entscheiden sollten, im Winter nach Istanbul zu reisen, sollten Sie sich aber warm anziehen. Tagsüber können es bis zu 10 Grad werden und zum Abend hin sinken die Temperaturen bis auf den Gefrierpunkt.

Ich empfehle Ihnen, im Sommer nach Istanbul zu reisen, da zu dieser Zeit viele Einheimische Urlaub haben und die Stadt verlassen. So können Sie den Menschenmengen entkommen und Ihre Reise genießen.

Während des Ramadans nach Istanbul

Falls Ihre Reise in den Fastenmonat Ramadan fällt, werden Sie die Stadt von einer ganz anderen Seite kennenlernen. Das Fasten ist eine der fünf Säulen im Islam. Von Sonnenaufgang bis Sonnenuntergang wird weder gegessen noch getrunken. Ausgenommen sind Kinder, Schwangere, Alte und Kranke. Der Ramadan ist nicht nur die Zeit des Verzichts, sondern auch eine Zeit des Beisammenseins und der Nächstenliebe. Für Sie als Tourist kann eine Reise nach Istanbul während des Ramadans sehr spannend sein, da Sie die Stadt und das Leben dort mal von einer ganz anderen Seite kennenlernen. Ich empfehle Ihnen, das Essen und Trinken auf offener Straße während der Fastenstunden zu unterlassen. Dies ist zwar kein Muss, wäre aber eine durchaus höfliche Geste Ihrerseits, mit der Sie Respekt gegenüber den Einheimischen und ihrem Glauben ausdrücken. Sie können sich natürlich in ein Café oder in ein Restaurant setzen, diese haben immer geöffnet. Die beste Zeit des Ramadans ist „Iftar", also das Fastenbrechen. Die Straßen füllen sich mit Menschen und die Stadt erwacht zum Leben. Die Stimmung ist ausgelassen und jeder freut sich auf das Essen. Vor dem Bäcker werden Sie eine lange Menschenschlange stehen sehen, wenn die Einheimischen frisch gebackenes Pide (Fladenbrot) zum Essen holen möchten. In den Restaurants warten die Menschen auf den Ruf des Muezzins, der zum Fastenbrechen aufruft. Die

Fastenden brechen Ihr Fasten entweder mit einer Olive, mit Wasser oder einer Dattel – so ist der Brauch. Wenn Sie nicht im Restaurant essen wollen, haben Sie die Möglichkeit, in eines der Zelte zu gehen, wo die Gemeinde zum Fastenbrechen einlädt. Hier treffen Touristen, fastende Moslems, Christen, Juden und Obdachlose aufeinander. Zusammen wird gelacht, gegessen und man unterhält sich. Ich persönlich empfehle Ihnen, dass Sie sich in eines der Ramadan-Zelte zu den Einheimischen gesellen. Auf diese Weise können Sie das Flair von Ramadan hautnah miterleben. Das Highlight des Abends sind die hell erleuchteten Moscheen und die Schriftzüge, die die Minarette schmücken. Nach dem Essen gibt den Güllac. Dies es eine Nachspeise, die aus der osmanischen Küche erhalten geblieben ist. Danach gehen alle gut gelaunt und gesättigt nach Hause. Bevor die Sonne aufgeht, gehen Ramadan- Trommler durch die Straßen und wecken die Einheimischen zum Sahur (Frühstück) auf.

Anreise- und Fortbewegungsmöglichkeiten

Falls Sie sich entscheiden, einen Trip nach Istanbul zu machen, gibt es verschiedene Möglichkeiten, um dorthin zu gelangen. Entweder fliegen Sie mit dem Flugzeug, denn die Flugtickets sind recht günstig. Sie können aber auch mit der Bahn oder dem Schiff anreisen. Meine Empfehlung ist es aber, diese Reise mit dem Flugzeug anzutreten, denn dann sind Sie innerhalb weniger Stunden in Istanbul. Die Stadt verfügt über zwei Flughäfen: Der Sabiha-Gökcen-Flughafen befindet sich auf der asiatischen Seite der Stadt und der Istanbul Airport auf der europäischen Seite. Je nachdem, wo sich Ihre Unterkunft befindet, sollten Sie dann auch den entsprechenden Flughafen auswählen. Wenn Sie mit dem Flugzeug anreisen, erwartet Sie am Ausgang des Flughafens zahlreiche Taxis. Dies ist immer eine bequeme Art, um von einem Ort zum anderen zu gelangen, gerade in einer fremden Stadt. Die Preise für eine Taxifahrt ändern sich je nach Tageszeit. Wenn Sie nachts unterwegs sind, zahlen Sie weniger als beispielsweise am Morgen. Mein Tipp ist es, mit dem Taxifahrer zu verhandeln, wenn Sie eine längere Strecke vor sich haben. Natürlich gibt es auch Alternativen zum Taxi. Eine schnelle und günstige Verkehrsanbindung ist die Metro, in die Sie auch an den Flughäfen einsteigen können. Die benötigten Tickets lösen Sie einfach am Automaten. Wenn Sie sich nur wenige Tage in Istanbul aufhalten und Sie stressfrei und günstiger durch den Tag kommen wollen, sollten Sie die Metros oder Straßenbahn nutzen. Zu diesem Zweck können Sie sich die sogenannte Istanbul Card besorgen. Auf diese Karte laden Sie am Automaten Geld auf und können dann mit allen Metros und Bahnen fahren. Also dann, gute Fahrt!

Schlusswort

Istanbul ist eine Stadt, die Ihre Erwartungen mehr als übertreffen wird und in der Sie zwischen zwei Kulturen hin- und hergerissen werden. Die Stadt, die niemals schläft. Ja, das ist Istanbul. Eine Stadt der Gegensätze, in der Alt und Neu aufeinandertreffen, aber auch zum Leben dazu gehören. Für jeden hat Istanbul etwas zu bieten – sei es die bewegte Geschichte für den Historiker oder die unzähligen Clubs für die Partymenschen. Also warten sich nicht zu lange mit Ihrem nächsten Urlaub und genießen Sie die Zeit auf zwei Kontinenten. In diesem Sinne: GÜLE GÜLE.

Herstellung und Verlag:
BoD – Books on Demand, Norderstedt
ISBN: 9783751960786

© Angelika Embacher 2020
1. Auflage
Kontakt: Psiana eCom UG/ Berumer Str. 44/ 26844 Jemgum
Covergestaltung: Fenna Larsson
Coverfoto: depositphotos.com